POEMAS ESPAÑOLES

by

Robert Rahula

© 2017 Robert Rahula

robertrahula.com

facebook.com/robert.rahula

TAMBIÉN DE ROBERT RAHULA:

NOVELAS:
Messieurs
Panamaniac
Island of Misfits
Day Another Paradise In
One Last Fling
Bathhouse Stories
All the Yage in Reno
Conversation in a Belgian Bar
Exigent Circumstances
Uninvited Guest

POESÍA:
Trigger Points
Dentro Del Corazón Bloqueado
Camino
Migration
I Sing the Body Politic
Wonderland
From Whose Bourn
Expat Poems

CUENTOS CORTOS:
Horror Stories for Children

ANTOLOGIAS:
Half Life
The Essential Dan Landes

POEMAS ESPAÑOLES

© 2017 Robert Rahula

Todos los derechos reservados. Este libro o cualquier parte del mismo no puede ser reproducido o utilizado de ninguna manera sin el permiso expreso por escrito del autor, excepto por el uso de citas breves en una reseña del libro.

All rights reserved. This book or any portion thereof may not be reproduced or used in any manner whatsoever without the express written permission of the author except for the use of brief quotations in a book review.

www.robertrahula.com

First Printing, 2018

ISBN 978-0-9994736-6-5

Alma-gator Press
Barcelona • Madrid • La Chorrera

– Dedicado a Roxanna Vega –

Tabla de Contenido

CÓMO QUITAR UN TATUAJE	9
PRONÓSTICO DEL INVIERNO	10
CORONANDO LA COLINA	12
UNA VEZ EN LA CAMA, ALI ME DIJO	14
SEÑOR KURTZ ESTÁ MUERTO	15
EN UNA RUTINA	16
POR QUÉ ESCRIBO	17
ELLOS PENSABAN QUE ERAN LIBRES	18
ENSEÑÁNDOLES A LOS CABALLOS A HABLAR	20
CONDENSACIÓN	21
TODO LO QUE HAY	22
OAXACA	23
HOGAR	26
LO QUE EL ÁNGEL LE DIJO AL NIÑITO	28
POESÍA EN ACCIÓN	29
SOÑANDO CON LOS DINOSAURIOS	30
EN UNA PELÍCULA QUE VI HACE AÑOS	31
LAS METÁFORAS PERDIDAS	32
SUSURROS	34
CARRERAS CALLEJERAS	35
ESA DELGADA LÍNEA BLANCA	37
FANTASMA	39
LA PARTE MÁS DIFÍCIL	41

CÓMO QUITAR UN TATUAJE

Bueno, puedes cortarlo, pero por lo general se da una pérdida significativa de sangre, sin mencionar el daño al tejido muscular, y que la cicatriz es un poco difícil de explicar a tus amigos... Y puedes usar un láser para quemarlo, pero cuesta miles de dólares y a menudo queda todavía un fantasma del tatuaje en tu piel... o puedes cubrirlo con otro tatuaje si puedes encontrar un artista tatuador con la suficiente habilidad....

Pero ¿y qué de los tatuajes invisibles? .... Aquellos que el amor... o el odio... dejan en tu corazón? ¿Cómo los eliminas? ¿Tomas un cuchillo para cortar tu propia carne? ¿Pudieras procurar tu quietud con sólo un puñal? ¿Arrancas tu corazón gritando que nunca amarás de nuevo? ¿Tú sangras cada vez que pasas por el salón de tatuajes, o la clínica, o el bar donde lo conociste por primera vez? ¿Cómo quitar un tatuaje? ¿Y qué de aquellos impresos en ti antes de que tuvieras una elección? Aquí está el tatuaje del niño víctima... del chico renegado... del forastero... del abusado... de los olvidados dejados solos abandonados o peor del niño acariciado, toqueteado, abusado, violado... ¿Cómo quitar esos tatuajes? ¿Con un cuchillo? Con un láser? O exploras las cantinas buscando a otro artista tatuador más hábil en la violación de tu piel para que pueda cubrir esa primera contusión, la primera violación, con su propia tinta? su propio semen?... ¿Cómo quitar un tatuaje invisible? Con cuchillos? Con los cortes? Con sangre? ¿Con dolor? Con más tinta? Con más coca, más metanfetamina, más bebida? ¿Con tiempo?.. El tiempo... El tiempo que suaviza y desvanece los rojos y los azules más duros? ¿Cómo quitar un tatuaje? Ojalá supiera

PRONÓSTICO DEL INVIERNO

El tiempo cae como nieve
y toda la historia está lentamente cubierta,
obliterado, borrado,
y olvidado.
Y los niños de hoy miran hacia fuera
y ven sólo la forma suave de las colinas,
sin saber de los cuerpos que están acostados
debajo...
Erzurum,
Nanking,
Hankow,
Wormhoudt,
Malmedy,
Marzabotto,
Gardelegen,
Distorno,
Auschwitz,
Treblinka,
Simferopol,
Changjiao,
Odessa,
Bataan,
Rheinwiesenlager,
Matiz,
Bangladesh,
Kenia,
Argelia,
My Lai,
Siria...

El tiempo cae como nieve, como un polvo fino,
y todo se borra, se oculta,

olvidado, ido, nunca ocurrió ...
Y los políticos pueden ladrar sin fin
diciendo lo que quieran
porque nadie se acuerda de
todos los cadáveres colgando de los árboles
o arrojados a los ríos
o tirados en los hornos
o arrastrados en zanjas ...
miles y miles
y millones y millones de
torturados, violados, mutilados,
cuerpos asesinados ...

El tiempo cae como nieve.
Apenas podemos recordar el último modelo
de teléfono celular ...

Los niños se sientan en el suelo
en una sala jugando Call of Duty
en la gran pantalla del computador
mientras que los adultos se sientan en otra habitación,
bebiendo,
y jugando
Cartas Contra la Humanidad.

CORONANDO LA COLINA

La última vez que la vio
se veía tan dulce.
Ella dijo: "No te preocupes papá"
mientras besaba su mejilla.
"Siempre tengo cuidado, voy a estar bien.
Me voy a ver a unas amigas
por una copa de vino."
Ella salió por la puerta con una sonrisa
y dijo: "Sólo saldré por un ratito."

La noche era joven con un toque de otoño.
Ella se encontró con sus amigos en el centro comercial cercano,
pero su bar favorito estaba a un cuarto de milla
así que caminaban en fila india.
Ellas caminaban y hablaban como lo hacen las chicas jóvenes
mientras el coche borracho coronaba la colina.

El impacto casi no hizo un sonido
al salir el coche borracho del suelo
y se fue navegando hacia el cielo
y se la llevó de paseo,
y por un momento colgaban en el espacio,
dos bailarines atrapados en el abrazo del amor.
Ese tipo de amor no puede ser retenido
pero todo el resto volvió a bajar.

Cuando las tormentas perfectas parecen surgir
a los sobrevivientes sólo les queda agonizar
si cinco minutos más o menos
habría hecho toda la diferencia

entre dos barcos que se cruzan en la noche
como las distantes luces danzantes de Navidad
o aquel terrible golpe en la puerta
que altera todo
por siempre jamás.

UNA VEZ EN LA CAMA, ALI ME DIJO

Estábamos tumbados sólo para hablar
acerca de una de sus amigas
que se acababa de casar,
y yo le pregunté
"¿Por qué se casó con él?"
porque yo había conocido al tipo
y no me impresionó.
"Bueno, en ese momento," Ali respondió,
"Que él era su mejor opción."

Eso dice mucho, pensé para mí mismo,
que la elección de un compañero se reduce a
su mejor opción en el momento,
pero, como un idiota, presioné el tema.
"Su mejor opción para qué?" le pregunté.
"Tú sabes, para una buena vida," dijo Ali.

"Entonces, ¿cómo es que ella no es una puta?" Le pregunté.

"Bueno, la gente tiene que hacer
lo que tiene que hacer," explicó Ali,
y me miró y sonrió

SEÑOR KURTZ, ESTÁ MUERTO

Si pudiéramos ver cómo terminamos,
ni siquiera comenzaríamos ...
Es por eso que los dioses inventaron el tiempo.
El tiempo es la enfermedad de Alzheimer a la inversa.
Simplemente no tenemos ningún recuerdo,
ninguna pista, ninguna memoria, ni idea
de los seres decrépitos que vamos a llegar a ser,
cómo vamos a vivir,
o cómo vamos a morir.
Pero cada día, un poco más de la memoria
viene de nuevo a nosotros,
y tan sólo obtenemos una visión más
de lo que nos espera,
hasta que finalmente
al final,
lo recordamos todo
en perfecto
claro como el cristal
horror.

EN UNA RUTINA

Nunca hubo una vez
cuando este futuro particular
no existiera.

¿Recuerda que jugabas solo en la colina,
debajo del árbol,
viendo las hormigas marchando a través de la hierba,
luego mirando hacia el cielo azul
preguntándote por qué no tenías amigos?

Los surcos en el camino
siguen las ruedas de la carreta
y la carreta sigue al buey
y el buey sigue el camino.
Saliste de casa cuando eras niño
montando en la parte trasera de la carreta,
y ahora tú conduces la carreta
pero el camino sigue siendo el mismo
y te montarás en esa carreta
o manejarás esa carreta
en esta vida y en la próxima vida,
y en la vida después de ésa ....

Desearía poder decirte
que aquello era diferente.

He intentado toda mi vida
para hacerlo diferente
pero todavía estoy en esa misma colina
mirando
y
preguntándome.

POR QUÉ ESCRIBO

Me paso los días escribiendo
tomando descansos para
sangría
siestas
litros de café
y más sangría,
pero sobre todo me siento en una pequeña mesa de
plástico
en una silla de jardín de plástico
enfrente de una ventana
que da a los techos de teja roja
y a las copas de las palmeras
en este pequeño pueblo latino,
y escribo.

Así es cómo me paso el día.

Si no fuera por la escritura
me volvería loco.
Yo sería inútil.
Me sentiría como un fracaso.

Y podría estar loco
y yo podría ser inútil
y podría ser un fracaso
pero no me siento como esas cosas
porque escribo.

Mis palabras no te pueden salvar
pero me han salvado
y siguen salvándome
cada
día.

ELLOS PENSABAN QUE ERAN LIBRES

Era un momento en que la policía local
estaba siendo fuertemente militarizada,
marchando en torno a nuevos uniformes
y nuevas armas.
El racismo era endémico en el lenguaje,
y la segregación de hecho estaba en todas partes,
aunque nadie usa ese término para ello,
pero los crímenes de odio fueron aumentando
claramente,
a pesar de que el Estado los llama
confiscaciones civiles.
Y los legisladores siguieron pasando
nuevas leyes
restringiendo donde la gente podía ir,
lo que podía hacer,
y más importante,
lo que podía ser enseñado en la escuela.
Se volvieron a dibujar las líneas del distrito de votación
y estrictos documentos de identidad eran
necesarios,
para evitar que los pobres votaran.
Los principales periódicos eran toda
propaganda,
y cualquier disidente fue rápidamente
marginado.
Los precios inmobiliarios se dispararon,
y la brecha entre los ricos
y los pobres se puso peor.
Incluso pagar el alquiler se hizo imposible.
Los burócratas culparon a las personas sin hogar
por ser pobres
y dejaron a la policía resolver el problema.
Las iglesias permanecieron en silencio

o se unieron a la derecha
y crecieron en prosperidad.
Todos los límites en la compra de los políticos
fueron eliminados,
y, eventualmente,
los bancos y compañías de seguros
controlaron cada aspecto del negocio
y a todos los políticos.
Pero la industria más próspera de todas
escondida debajo de un millón de nombres diferentes
de manera que su magnitud fue totalmente invisible
fue la industria de la guerra.
El negocio iba bien
y el mercado de acciones se disparó
mientras que las personas sin hogar y los marginados
y las masas de trabajadores desechables
sufrieron, cayeron enfermos,
y eventualmente murieron,
en algún lugar sin ser vistos.

Y lo más raro de todo
era que todo se sentía normal.

Fue Alemania, 1939.

Bienvenido a casa.

ENSEÑÁNDOLES A LOS CABALLOS A HABLAR

Había una vez un criminal
traído en cadenas a la presencia del rey,
que lo condenó a muerte,
pero el criminal le dijo al rey:
"Su Alteza, usted tiene un caballo,
y yo podría enseñarle a su caballo a hablar.
Hay un establo en la cárcel,
ponga el caballo allí
y déjeme trabajar con el caballo por un año.
Si le enseño a su caballo a hablar,
me libera usted,
pero al final de un año
si su caballo no puede hablar,
puede ejecutarme usted".
El rey estaba intrigado, y estuvo de acuerdo.
Y todas las mañanas en la cárcel
el prisionero fue al establo
y le habló al caballo durante todo el día.
Al cabo de unos meses, otro preso
le dijo al hombre, "Usted está loco.
No se puede enseñar al caballo a hablar".
Y el primer prisionero dijo: "Tal vez no,
pero un año es mucho tiempo,
y muchas cosas pueden suceder en un año:
Podría morir, o el rey podría morir,
y nunca se sabe,
yo podría enseñar al caballo a hablar".

Por lo tanto te digo: Persiste en tu necedad,
ya sea música, arte, escritura, lo que sea,
porque muchas cosas pueden suceder en la vida:
tú puedes morir, o todo el mundo puede morir,
y nunca te sabes,
tú puedes llegar a ser un cantante famoso,
o artista.... o incluso un escritor famoso.

CONDENSACIÓN

Pienso en ti
y una imagen inmediatamente
llena mi mente.
Estábamos de pie en un puente
en un día frío brillante noroeste del Pacífico.
Tú habías envuelto una bufanda roja
alrededor de tu cabeza
para mantener las orejas abrigadas.
Sonreías.
Siempre estabas feliz.
Puedo sentir mi cara ablandándose
al mirarte ...
Tú pareces estar sonriendo hacia mí.
Hay este brillo en tus ojos,
Casi puedo tocar tu cara ...
y luego te desvaneces.

Escribo tu nombre en la barra
en letras húmedas
de la condensación
que se ha formado
en la botella.

TODO LO QUE HAY

Marta era la clase de mujer
que sabía cuándo cortar sus pérdidas.
Salimos por un tiempo,
y el sexo era bastante bueno,
y disfruté de su compañía,
pero había una cierta
calidad de meseta en la relación.
Ella estaba queriendo un marido
y yo no estaba tan ansioso,
por lo tanto, la meseta ...
pero lo interesante era
que cuando le dije
que yo había conocido a alguien nuevo,
¡pum! ella se había ido,
y no oí ninguna palabra de ella
hasta aproximadamente un año más tarde
cuando ella envió fotos de su boda
y tuvo la amabilidad de incluirme
en la lista de correo.

Siempre respeto a una mujer que sabe
cuándo cortar sus pérdidas.
No vale la pena atarse por amor
esperando que las cosas vayan a funcionar.
El amor es despiadado con nosotros;
Nos queda ser despiadado con el amor.

OAXACA

Qué extraño estarme sentado aquí
en los años del crepúsculo
en este bar al aire libre
que tiene vista al Zócalo.
Todos los restaurantes aquí
tienen mesas y sillas al aire libre
frente a la plaza,
porque el clima es tan hermoso,
mientras que el hielo entierra el norte
y la guerra hace estragos en el este.
Pido otra sangría.
Estoy desarrollando un gusto
por la sangría últimamente
porque creo que tiene menos alcohol
así que puedo beber más de ellas
y quedarme aquí noche tras noche
viendo los músicos moverse de
restaurante en restaurante,
y viendo las vendedoras de flores
yendo de mesa en mesa ofreciendo vender
flores a los hombres jóvenes
y a los ancianos
para dárselas a sus esposas o novias,
o en el caso de los ancianos,
para dárselas a sus escoltas.

Me estoy sentado solo,
por lo que las vendedoras de flores no me molesten.

Qué extraño estarme sentado aquí
en los años del crepúsculo
como la brisa mece las palmeras
y la guerra hace estragos en la mitad de la tierra.

Creo que la guerra va a consumir
la tierra,
pero espero que me haya ido mucho antes para entonces.

El tiempo propicio es tan importante
tanto en el amor como en la guerra
y supongo que he tenido suerte
en esquivar balas en ambos.

Y ahora las guerras son peores,
el daño peor
el efecto psicológico peor
el horror peor
y peor y peor.
Pero no hay protestas ahora,
nada que incluso marque
el horror cotidiano.
Ustedes que leen estas palabras, tengan en cuenta:
nadie se entera de nada,
y cada generación hereda más agonía.
Mejor fugarse mientras puedan.

Yo sí lo hice.
Es por eso que me estoy sentado en el bar al aire libre
en el borde del Zócalo
y pidiendo otra sangría.
¿He mencionado que he desarrollado un gusto
por la sangría últimamente?
Debe ser un signo de la edad.

Me pregunto dónde esos viejos gringos consiguieron esas
escoltas.
Ese es otro signo de la edad, supongo:
renunciar al amor, y conformarse con prostitutas.
Bueno, todos tenemos que hacer nuestra parte.

Pero para mí, mi parte es simplemente estarme sentado
aquí
noche tras noche
en los años del crepúsculo
maravillándome de la dulce sangría
aquí en Oaxaca.

HOGAR

"Si tuviera el dinero," dice ella,
"Yo volvería a California y trataría de
recuperar a mis hijos."
Asiento con la cabeza con simpatía,
y le digo que entiendo.
Pero sé que no hay manera alguna.
Ella no va a conseguir el dinero,
y ella no logrará regresar a California,
e incluso si de alguna manera lo hiciera,
el estado nunca le daría a esos niños de nuevo a ella,
niños que han crecido sin ella,
crecido tanto que serían extraños ahora.
Qué le dice uno a alguien
quien cree que ha vagado
tan lejos de casa,
tan lejos que lo único de lo que puede hablar
es cómo tratar de volver a un hogar
que en realidad nunca existió,
o si es que alguna vez existió
se ha convertido desde hace mucho tiempo en otra cosa.
Qué se puede decir excepto ...
"Entiendo."

Porque yo sí entiendo.
Todos nos hemos alejado tanto de nuestros hogares,
años luz en realidad,
y sin embargo, todavía creemos que podemos volver
si tan solo tuviéramos suficiente dinero
o tiempo
o suerte
o valentía
pero no tenemos esas cosas

e incluso si las tuviéramos,
ese hogar se ha convertido desde hace mucho tiempo en otra cosa
y en el pueblo allí serían extraños ahora.

No importa la cantidad de ciencia ficción que leas,
estoy aquí para decirte
que el tiempo sólo se mueve en una dirección
y esa dirección
está lejos del hogar.

LO QUE EL ÁNGEL LE DIJO AL NIÑITO

Es una cosa muy difícil
ocupar un cuerpo humano.
No estamos acostumbrados a su forma.
Nuestros movimientos son desgarbados.
La coordinación de dos brazos y dos piernas
es casi imposible para nosotros.
Entonces tenemos que recordar
todas sus rutinas:
cuándo despertarse
cuándo orinar
cuándo comer
cómo decir hola
cuándo decir hola
cuándo no decir hola.
Pero la peor parte
es que no nos sentimos
en casa.
Siempre anhelamos ser
ángeles de nuevo,
para volver a
un estado sin forma
y la ligereza de ser ...
Es tan difícil ocupar un cuerpo humano.

"¿Por qué lo haces entonces?"
el niñito le preguntó.

El ángel parecía sorprendido.
"Ustedes siguen pidiéndonoslo."

POESÍA EN ACCIÓN

Catalina me escribe y dice,
"Quiero escribir un poema que explique
Por qué cada hombre
busca a su próxima conquista
y cada mujer quiere ser vista
como si ella fuera la única mujer
en el mundo."

Y le contesto y le digo,
"Si tú pudieras responder esa pregunta,
serías una diosa".

Y entonces pienso que
ningún poema jamás podría decirlo mejor
que la forma en que ella misma lo acaba de decir.

¿Por qué cada hombre
sí busca a su próxima conquista
y cada mujer quiere ser vista
como si ella fuera la única mujer
en el mundo?

Trato de llamarla para decirle
que ya ha escrito
el poema perfecto,
pero ella me dice que está a punto de ir
a una cita,
y me va a llamar más tarde.

SOÑANDO CON LOS DINOSAURIOS

Tengo hielo en la espalda, todavía está rígida
desde la caída de mi borrachera de hace dos días.
Pronto me pondré el abrigo,
y caminaré pesadamente por las escaleras del
apartamento
hacía las oscuras calles humedecidas por la lluvia,
y caminaré al centro,
y seleccionaré un bar para entrar,
evitando aquéllos demasiado llenos o demasiado vacíos,
y tomaré mi asiento
y pediré una copa de vino,
vino tinto, como dicen en mi país,
vino tinto que me llevará de vuelta
a los recuerdos de los veranos y mujeres,
y el primer sorbo me llevará allí,
como siempre lo hace,
y en algún momento,
por lo general con la segunda copa,
Me preguntaré:
si **alguien** raspara
la tierra que soy ahora,
podrá hacerlo,
mediante el análisis de estos trozos de papel,
estos fragmentos blanqueados de palabras,
estos pensamientos fragmentados,
podrá reconstruir quién era yo,
y se dará cuenta
de que hubo un tiempo
cuando era El Rey?

EN UNA PELÍCULA QUE VI HACE AÑOS

Esta puta vieja está golpeando la puerta principal
de un hotel de mala muerte,
exigiendo una habitación.
Con ella está un cliente nervioso
quien no quiere ser descubierto
con una prostituta.
(Usted sabe cómo es.)
El encargado nocturno arrastra los pies hasta la puerta
y el cliente está cada vez más nervioso,
y mientras que la prostituta está discutiendo
con el encargado sobre el precio de la habitación,
el cliente entra en pánico y se escabulle.
Finalmente, el acuerdo del precio de la habitación se fija,
pero cuando la puta vieja mira a su alrededor,
el cliente ya se ha ido,
y la puta culpa al encargado
por ser tan lento,
y el encargado se siente mal
porque esta puta es tan vieja y arrugada
que a lo mejor no tiene mucha clientela,
por lo que el encargado le ofrece
pagar lo que el cliente iba a pagarle,
para compensarla por su pérdida,
y la puta vieja hace una pausa
y mira al encargado de arriba y a bajo,
a continuación, diciéndole: "Yo no lo hago por el dinero;
Lo hago porque me gusta,"
y sonríe de una manera
que agrieta su cara
y le da una mirada seductora.
Ahora es el turno del encargado nocturno
entrar en pánico.

LAS METÁFORAS PERDIDAS

Las hormigas encontraron mi baklava anoche.
La había dejado fuera del refrigerador
porque pensaba que
el pequeño envase de plástico que la guardaba
era hermético,
y sólo para estar extra seguro,
la puse en una bolsa de plástico y amarré la parte superior,
todo porque no quería ponerla
en el refrigerador
porque no me gusta la baklava fría –
disminuye el maravilloso sabor de las almendras
y miel, y hace que sea difícil de cortar
con un tenedor.

Compré la baklava ayer
en este nuevo restaurante griego que
acaba de abrir en esta pequeña ciudad latina.
El cocinero es griego y sabe
lo que está haciendo.

Me encanta baklava por la mañana
con mi primera taza de café
mientras me siento
en mi pequeño balcón en el segundo piso,
y miro por encima de los techos de tejas rojas
y las palmeras en el gran valle central por abajo
y el cielo por arriba.
Se endulza mi día.

He comprado baklava todas las noches
desde que descubrí el restaurante
hace tres días, pero por lo general lo pongo

en el refrigerador,
pero anoche decidí dejarla fuera
porque, como ya he dicho, pensaba que el envase
alejaría las hormigas. Estaba equivocado,
porque esta mañana,
cuando abrí la bolsa, encontré
el pequeño recipiente de plástico lleno
de diminutas hormiguitas de azúcar
que de alguna manera
se las idearon para encoger sus pequeños cuerpos
entre alguna abertura microscópica en la tapa.
Había miles de diminutas hormigas
teniendo un banquete en mi baklava,
divirtiéndose
pensando que habían encontrado el nirvana...
mi nirvana.

Tiré el recipiente en la basura,
amarré la parte superior de la bolsa de basura,
la saqué a la calle, y la tiré en el basurero.
Las hormigas seguirán alimentándose hasta que
se den cuenta de que han sido arrojadas
tan lejos de su hogar
que nunca
encontrarán su camino de regreso.

Yo suelo escribir poemas por la mañana,
y supongo que podría hacer una metáfora
acerca de cómo todos estamos teniendo un festín
en el nirvana de otra persona
completamente inconscientes de
lo lejos que hemos sido arrojados de
nuestro hogar,
pero en este momento sólo estoy encabronado de que
las hormigas encontraron mi baklava.

SUSURROS

¿Sabes por qué nos habla Dios
sólo en susurros?
Es porque Su Voz está ronca
por siglos de gritando
así que todo lo que puede manejar ahora
es el menor de los susurros.
En otros mil años,
Su Voz se habrá ido completamente
y sólo habrá silencio
y la gente
– si quedaran algunas personas –
pensarán que Dios los ha abandonado.
Pero Dios nunca nos ha abandonado ...
Sólo tienes que escuchar
muy
muy
cuidadosamente
para escucharlo ahora.

CARRERAS CALLEJERAS

El amor es una calle de dos vías, dicen.
Lo que no te dicen
es que todo el mundo va a cien kph
y todas las luces de los semáforos están apagadas
y nadie las obedece de todos modos
porque nadie tiene frenos.

Se necesitan dos para bailar tango, dicen.
Pero nadie te dice que se necesita tres para traicionar
y cuatro para realmente joder las cosas.

Nunca te prometí un jardín de rosas, dicen.
Pero no esperabas tan sólo espinas, ¿verdad?
Tú pensaste que por lo menos habría un indicio de
alguna rosa,
unos pocos pétalos suaves.

No se puede luchar contra el ayuntamiento, dicen.
Pero nadie te dijo que la alcaldía
te dispararía por intentarlo.

Es una jungla afuera, dicen.
Bueno ... tenían razón sobre eso.

El amor es una calle de dos vías, dicen.
Pero tú eres sólo un peatón
y a medida que envejeces encuentras
que no hay más aceras,
ni siquiera un espaldón.

El amor es una calle de dos vías,

llena de choques totales,
los ejes rotos, vidrios rotos, corazones rotos,
y no todo el mundo sale caminando ileso.

ESA DELGADA LÍNEA BLANCA

Vi una estrella fugaz esta noche,
una rápida delgada línea blanca
que pasó volando a través de la fría profundidad negra.
si hubiese parpadeado, me la habría perdido.

Cuando le pregunté a la adivina
si viviría por mucho tiempo,
ella me miró y dijo:
¿Quién sabe?

Tú pensarías que una estrella fugaz
gritaría a través del cielo,
viajando miles de millas por hora
quemando caliente blanco,
pero hubo silencio total.

Quizás cuando estás viajando
miles de millas por hora
en el espacio vacío,
es como no moverse en absoluto,
y nunca se ve la atmósfera
antes de golpearla
porque es invisible.

Es solamente cuando tú golpeas el aire,
que ¡PUM!
Alguien ha vertido gasolina sobre ti,
ha arrojado un fósforo,
¡estás encendido!
y WHOOSH,
te has ido.

Tal vez la adivina tenía razón...
¿quién sabe?
Pero la próxima vez que tu día se sienta
como el espacio vacío
como si no te movieras en absoluto
y no hay nada delante de ti ...
¡No parpadees!

FANTASMA

Todos los que he conocido
están muriendo ahora,
cayendo como moscas,
evaporándose como tinta invisible,
sin dejar nada atrás.

Es una cosa extraña vivir mucho
mientras que todos los que le dieron a tu vida
contexto
desaparecen.
¿Dónde está el contexto, entonces?
Si nadie se acuerda de que tú ganaste
el premio Pulitzer,
el premio del jonrón
el premio por comer perritos calientes,
entonces, ¿alguna vez de hecho los ganaste?

No le puedes decir a una mujer joven
en la cena,
"¿Sabías que gané
el jonrón Pulitzer concurso del perrito caliente
en 1939?"
porque, créeme, a ella no le importa
y ni siquiera sabe
lo que ellos son.

El contexto es lo que da sentido a nuestras vidas.
Sin él, somos fantasmas.
Sin alguien a quien acudir y decirle
"¿Recuerdas que cuando nos comimos la sandía
por el río y a Billy se le encendió el pelo en llamas?"
simplemente nunca ocurrió.

Las memorias sólo existen cuando
las personas con las que las compartiste
existen.

Soy un fantasma ahora,
traqueteando estos pasillos a media noche,
flotando a través de estas ciudades,
anhelando aquel tiempo cuando
alguien se acordaba de mí.

LA PARTE MÁS DIFÍCIL

La parte más difícil es el comienzo.
Tú no sabes adónde ir,
pero sólo hay que comenzar en alguna parte,
y una vez que comiences, pues bien, al menos
estás en un viaje a alguna parte.
La mayoría de las personas fracasan porque nunca
comienzan.
Tienen miedo de cometer un error.

La parte más difícil es el medio,
porque tendrás que cambiar de rumbo.
Lo garantizo.
Algo va a suceder y te darás cuenta
que estás yendo por el camino equivocado,
y debes cambiar de rumbo.
La mayoría de las personas fracasan porque se niegan
a cambiar de dirección.
Tienen miedo que otros los juzgarán.

La parte más difícil es el fin
porque no importa dónde terminas
nunca es tal y cómo pensaste
que sería, y tú necesitarás
aceptar eso, y disfrutar de lo que está allí,
porque no hay más tiempo.
La mayoría de la gente falla al final, porque
se vuelven amargados, y ellos son amargados
porque a lo largo del viaje pensaban que
merecían grandes recompensas.
No hay grandes recompensas.

Pero la vida no es un fracaso.

No comenzar es un fracaso;
No cambiar es un fracaso;
No amar con lo que tú terminas
es un fracaso,
pero la vida no es un fracaso.

Sobre el Autor:

Robert Rahula nació en España de un padre americano y madre española, pero creció en los Estados Unidos, en el estado de Virginia, en la granja de sus abuelos paternos. Regresó a Menorca, España, en la década de 1960 para seguir su carrera de escritor. Actualmente viaja por Europa, América Central y América del Sur durante varios meses al año, imparte lecturas y conferencias y pasa el resto de su tiempo escribiendo, dividiendo su tiempo entre España y los Estados Unidos.

Más de sus poemas, junto con su blog sobre la escritura y su itinerario de gira, aparecen en su página de Facebook y en su sitio web **robertrahula.com**.

www.ingramcontent.com/pod-product-compliance
Lightning Source LLC
Chambersburg PA
CBHW050450010526
44118CB00013B/1758